경제경영연구소 선정도서

관계의 품격  소개의 품격 이기는 품격

유감없이 웃고 싶다면 체크리스트 이제보면

당신이 하고 있는 네트워크마케팅
과기형인가? 현재형인가? 미래형인가?

초판 인쇄 | 2022년 3월 1일
초판 발행 | 2022년 3월 7일

지은이 | 최정해(필명 산영유가희)
펴낸곳 | 도서출판 다윤
펴낸이 | 김정림
북디자인 | 김정림
영업 마케팅 | 김남자, 이호영

출판등록 | 제2021-000004호
주소 | 대전광역시 사구 대덕대로 249번길 30(둔산동, 베스트피아빌딩)
전화 | 070-8285-2050
전자우편 | kpower119@daum.net

ISBN | 979-11-973555-0-9 (03320)

이 책은 저작권법에 따라 보호받는 저작물이므로 무단 전재와 무단 복제를 금하며,
책 내용의 전부 또는 일부를 이용하려면 반드시 저자 동의와 도서출판 다윤의 서면동의를 받아야 합니다.
책 값은 뒤표지에 있습니다.

당신이 알고 싶고 대하고 있는 마케팅

관계형 마케팅
콘텐츠형 마케팅
미디어형 마케팅

시장분석 실전마케팅 기초

차 례

◇ 프롤로그 ·· 07

◇ 팬데믹 사태 이전의 사회와
　팬데믹 사태 이후의 사회 ······································ 11

◇ 대한민국 네트워크 마케팅 산업의 현실 ············· 16

◇ 네트워크 마케팅 산업의 미래 과제 ····················· 20

◇ 네트워크 마케팅은 고객이
　상품을 구매하는 하나의 시장 ······························ 23

◇ 할인점은 소형 슈퍼마켓의 현대판 ······················· 26

◇ 국내 유통 생태계와 현실 ······································ 29

◇ 대형 인터넷 쇼핑몰이 추락하고
　마켓 플레이스가 뜨는 시대 ·································· 32

◇ 과거형 유통? 현재형 유통? 미래형 유통? ········· 36

◇ 미래형 네트워크 마케팅은? ········· 39

◇ 사는 사람이 많으면 가격이 내려간다? ········· 43

◇ 자신의 능력보단 트렌드를 따라가라 ········· 47

◇ 미래의 절대적 수요 시장 ········· 50

◇ 새로운 1조 달러 시장은 웰니스 산업 ········· 54

◇ 인큐텐 마켓 플레이스 컴퍼니 ········· 58

◇ 인큐텐 사업모델의 3가지 핵심 성장 동력 ········· 61

◇ 인큐텐 비즈니스의 수익성 ········· 67

◇ 네이버와 구글에서 판매되는
  경쟁력 있는 네트워크 마케팅 ········· 70

◇ 기회는 날아가는 새와 같다. ········· 73

◇ 시대가 바뀌어 가고 있다. ········· 75

프롤로그

　얼마 전 삼성그룹의 총수이신 고 이건희 회장님이 타계했다는 소식은 우리에게 자신의 지나온 삶을 되돌아보며 대한민국 국민으로서 국가의 이익과 발전을 위해 무슨 일을 했고 어떠한 행동을 했는지 다시 한번 생각해 보는 계기가 되었다.

　70년 전 대한민국은 6, 25 전쟁으로 인해 막대한 경제적 피해와 국가적 시련을 겪었었다.
국민의 대다수가 가난에 허덕일 때 삼성그룹의 창업자이신 고 이병철 회장님은 해외 원조에만 의존하던 국내

먹거리 시장과 조미료 시장의 90% 이상 국산화를 이루어 내었으며 다음으로 힘없고 가난한 이 나라를 살릴 미래 산업을 전자산업이라 확신을 하였다.

당시 기술력이 부족했던 삼성은 일본의 전자 기술을 벤치마킹하고 투자를 받아 삼성전자를 설립하여 TV, 냉장고, 세탁기, 등 우리 일상에 사용하는 다양한 생활 가전을 개발 생산하며 오늘날 세계 시장에서 상당한 영향력을 발휘하고 있다.

또한 삼성전자의 끝없는 노력은 오늘날 세계 굴지의 휴대폰 회사인 핀란드의 노키아 그리고 미국의 모토로라의 아성을 무너트리고 현재 전 세계 최고의 스마트폰 제조 회사가 되었다.

삼성전자 한 기업에서 국가에 내는 세금이 국내 경제에 상당한 영향을 줄 정도로 국익 발전에도 큰 역할을 하고 있으며 오늘날 우리 국민이 과거보다 나은 삶을 사는 이유 중 하나는 세계에서 뛰고 있는 한국의 기업 덕이 크다는 것을 누구나 잘 알고 있을 것이다.

삼성그룹이 하는 일과 우리 인큐텐이 하는 일은 서로 다르지만, 대한민국 경제 발전을 위해서 모두 최선을 다한다는 역할은 크게 다르지 않다.

　오늘날 한국의 경제 수준은 세계 경제와 어깨를 나란히 하고 있음에도 불구하고 우리는 아직도 지난 30~40년 전을 생각하며 미국이나 유럽 상품들이 최고인 양 생각하고 있다.

　세계는 지금 한국에서 만든 스마트폰과 화장품, 제약산업의 기술에 놀라고 있으며 이제는 드라마를 비롯해 영화, 음악산업에 이르기까지 문화 콘텐츠에도 한류 열풍이 일어나고 있다.

　하지만 우리가 일하는 네트워크 마케팅 산업 분야에서는 대한민국 기술이 세계 최고 수준에 이르렀음에도 불구하고 아직도 수입 화장품과 건강식품이 최고라 주장하고 있는 실정이다.

　현재 전 세계는 코로나 바이러스로 인한 팬데믹 선언 이후 코로나바이러스에 대처하는 우리의 국민성과 의료,

제약·바이오산업의 과학 기술을 높이 평가하며 정확도가 높은 우리의 진단키트를 수입해가고 있다.

그런데도 정작 우리는 우물 안의 개구리처럼 아직도 많은 사람이 해외에서 들어오는 네트워크 마케팅 회사의 제품이 최고라 이야기하며 그로 인한 국내 시장의 70%에 가까운 매출이 외국계 네트워크 마케팅 회사의 제품에 의해 시장을 잠식당하고 있는 게 오늘날 대한민국의 현실이다.

과거는 총과 칼로 영토를 빼앗는 게 전쟁이었다면 이제는 그 나라 고유의 기술과 재능을 수출하는 것이 새로운 현대 사회의 전쟁이 되어 가고 있다.

이제 대한민국의 기술이 세계 시장에 당당하게 나서고 앞으로 나아갈 때라는 걸 깨닫게 해주는 계기가 되길 바라면서 이 책을 대한민국의 열정과 꿈을 가진 네트워커 여러분께 비친다.

팬데믹 사태 이전의 사회와
팬데믹 사태 이후의 사회

여러분은 세상이 변하고 산업이 교체될 때 위기를 기회로 바꾸는 삶을 살아본 적이 있었는가?

이 시대를 살아가면서 현재 코로나 때문에 영향을 받지 않는 개인이나 기업이 있을까? 개인이든 기업이든 코로나의 영향을 받지 않는 분야는 단연코 없을 것이다.

지나온 역사 속에서 이번 코로나 사태처럼 단 한 가지의 문제가 전 세계에 이처럼 지대한 영향을 끼친 게 또 있었을까?

중세 시대의 흑사병이나 20세기 초 스페인 독감 등도

이처럼 전 세계 인류 문명에 충격과 영향을 주지는 못했을 것이며 세계대전이나 미국의 경제공황, 금융위기 등 근현대사의 그 어떠한 것도 이 코로나 사태만큼 전 인류를 패닉에 빠트리지는 못했을 것이다.

하지만 코로나바이러스로 인한 팬데믹 사태로 세상의 기존 질서가 무너지고 새로운 질서가 정립되고 있다는 것을 우리는 누구보다도 빨리 깨우쳐야 할 것이며 하루가 다르게 발전하는 정보사회에서 발 빠르게 현실에 적응하고 미래를 준비해 나가야 한다.

과거에 주목을 받지 못했던 분야가 어느 날 갑자기 혜성처럼 두각을 나타내고 있고 소비자들은 자신의 소비 패턴을 빠르게 바꾸어 가고 있다.

영화관에서 넷플릭스로 이동하고 이마트 등 대형마트 이용자들은 쿠팡이나 옥션 같은 인터넷 쇼핑몰로 자신의 지출처를 바꾸어 가고 있는 게 지금의 현실이다.

이렇듯 세상은 코로나바이러스 이전과 이후의 사회로 빠르게 변화하고 있다.

우리의 생각보다도 더 빠른 변화로 인해 혼란스럽게 보일 수도 있을 것이다.

그러나 이제는 얼마 지나지 않아 전 세계의 경제나 사회생활은 새로운 질서로 정착되어 갈 것이다.

그렇다면 왜 하필 지금 이 시점에서 당신은 변화해야만 하는가?

당신이 지금 빠른 변화를 해야 하는 가장 큰 이유는 위기가 곧 기회로 전환되기 때문이다.

IMF 시대를 한번 돌아보라.

대한민국이란 국가가 태어나고 처음 맞는 경제적 위기에 모두가 우왕좌왕하고 혼돈에 빠져있을 때 일부의 개인과 기업은 그 혼란의 와중에서도 발 빠른 준비로 상당한 부를 축적하였다.

하지만 관망하거나 앞날을 대처하지 못한 개인이나 기업은 그대로 퇴보하고 말았다.

이번 코로나 사태도 마찬가지일 것이다.

컨택트 산업이니 언택트 산업이니 말이 많았지만, 코로

나 사태 이후 디지털 산업과 바이오산업은 더욱더 발전할 것이며 이러한 시기에 당신은 누구보다도 발 빠르게 변화된 사회에 대해 학습을 하고 준비된 사람이 되어야만 한다.

대다수 발 빠른 기업은 코로나 시대 이후의 세계에 대한 준비와 미래 기업 가치를 연구하고 있지만, 대다수 개인이나 소규모 자영업자들은 미래에 대한 대응이나 준비를 하기보다는 하루빨리 이 사태가 종결되기만을 바란다.

다른 사람들보다 앞서서 미래를 준비하는 그 누구도 개인들까지 일일이 찾아다니며 코로나 사태 이후 삶은 이렇게 된다고, 이렇게 바뀌고 준비해야 한다고 알려 주지는 않을 것이기 때문이다.

학습이란 이 작은 차이가 부자로 살아가느냐 가난하게 살아가느냐를 가르는 것이며 이 작은 차이가 추후 큰 결과를 불러온다.

과거 우리나라가 산업사회로 전환되기 전, 그러니까

1950년대나 60년대에 산업사회에 대한 학습을 미리 한 사람과 안 한 사람은 오늘날 어떻게 되었는가?

 일본과 미국 등 선진국을 학습하고 이해한 지금의 삼성이나 현대, 롯데 그룹의 창업주는 오늘날 대한민국 최고의 기업을 일궈냈으며, 90년대 말 IMF 사태가 일어나고 정보통신 관련 산업을 먼저 준비하고 실천한 네이버나 다음은 오늘날 최고의 IT기업이 되었다.

 이 글을 읽고 미래를 준비하는 여러분들이 앞으로 다가올 미래가 여러분 개개인에게 얼마나 큰 영향을 줄지를 생각하면 그리고 우리의 말을 믿어준 사람들이 얼마나 크게 성공하고 성취를 해낼지를 생각하면 벌써 가슴이 뛴다.

대한민국
네트워크 마케팅 산업의 현실

   대한민국에 네트워크 마케팅 산업이 들어오고 영업이 시작된 지 벌써 30년이란 세월이 흘러왔다.

   그동안 다단계판매, 네트워크 마케팅, 회원 직접판매 등 다양한 이름으로 불리며 많은 시행착오와 우여곡절이 있었지만 그런데도 네트워크 마케팅 시장은 꾸준히 성장해왔다.

   90년대 초만 해도 초기 법안이 마련되기 전에는 일부의 회사들이 수익성을 강조하며 오직 돈을 버는 데만 급급해 불법적인 영업으로 일반인들에게 피라미드 판매 방식이라

오해를 불러일으키기도 하였다.

또한, 10여 년 전 미국에서 70~80년대 유행하던 폰지 사기, 즉 일정한 돈을 투자하면 투자자에게 수익을 돌려주는 포인트 마케팅으로 이 업계에 상당한 부정을 심어주기도 했다.

최근에 들어와서는 근본도 없는 코인을 만들거나 미래가치가 불투명한 코인을 채굴하는 방식의 신종 투자 사기들이 새롭게 등장하며 또 다른 피해자를 양산할 것을 생각하면 마음이 답답하고 걱정스럽기도 하다.

오늘날 경제 인구 중 많은 사람이 합법적 네트워크 마케팅을 경험해보기도 하였으며 그중 일부의 사람들은 이 산업에서 성공하지 못하고 실패하여 좌절한 사람도 있다.

그렇다고 이 산업이 멈추어 있는 것만은 아니다.

매년 수십만 명이 대학을 졸업하고 직업을 찾고 있듯이 이 산업 또한 매년 참가자들이 늘어나고 있는 것도 네트워크 마케팅 산업의 현실이다.

우리말에 "개는 짖어도 기차는 달린다"라는 말이 있듯이 지난 시간 동안 많은 우여곡절이 있음에도 불구하고 네트워크 마케팅 산업은 꾸준히 성장해 왔으며 유통을 혁신적으로 개선하면서 자사의 우수한 제품의 품질을 앞세워 개인들이 참여할 수 있는 최고의 사업으로 손꼽혀 왔다.

10여 년 전 1조 8천억 대의 시장 규모에서 현재 5조 원 이상의 엄청난 시장 규모로 성장해 왔으며 앞으로도 코로나 사태로 인해 네트워크 마케팅 산업은 상당한 성장을 해나갈 것이라 장담한다.

오늘날 네트워크 마케팅 사업 분야는 다양한 장르의 회사와 제품이 유통되고 있으며 그와 함께 네트워크 마케팅을 바라보는 국민 의식도 많이 달라졌음을 눈여겨보아야 할 것이다.

아직도 다단계니 뭐니 네트워크 마케팅 산업에 대한 편견을 가진 사람도 있지만 결국 네트워크 마케팅 산업을 긍정적으로 바라보는 사람들로 인해 이 산업은 지속해서 성장해 가고 있다는 점이다.

누구나 하나 정도의 네트워크 마케팅에 참여하여 제품을 사용하며 또 다른 사람들에게 자사의 좋은 점을 홍보하는 사업자들은 계속 증가할 것이며 지금 이 글을 보는 여러분도 하나 정도의 네트워크 마케팅을 가지고 가야 하는 시대가 곧 도래할 것이다.

 다른 사람들보다 한 발짝 먼저 미래에 다가가는 것은 다른 사람보다 발 빠른 정보를 받아들이고 실천하는 것이다.

네트워크 마케팅 산업의
미래 과제

　네트워크 마케팅 산업은 지난 수십 년 동안 많은 발전을 해왔음에도 불구하고 이 산업의 상품성과 사업 방식은 그렇게 많은 변화를 이끌지 못했다.

　네트워크 마케팅 회사가 유통 구조를 축소해서 유통 마진을 환원해 준다는 마케팅 구조와 회사마다 기존 제품의 업그레이드나 신제품 출시, 다양한 상품 취급 등 방식은 크게 변화된 게 없다.

　보상플랜도 유행처럼 시대에 따른 브레이크 어웨이에서 유니 레벨과 바이너리 보상플랜의 추가와 변화가 큰 비중을 차지할 뿐 회사 운영 방식이나 미팅을 해나가고 사업자를 육성하는 사업 방식은 과거에 비례해 그렇게 많은 변화가 일어나지 않았다.

 회사나 사업자들도 자신이 속해있는 우리 회사 최고, 우리 제품 최고, 우리 보상 최고를 주장하지만, 아직도 어제와 똑같은 방법으로 설명하고 미팅에 초대하며 하루를 보내고 있는 게 지금의 현실이 아닌가?
 회사는 지금까지 자사의 판매망에 신제품을 추가하여 매출을 좀 더 올리는 데 급급해 왔으며 사업자들은 오늘 또 누군가를 만나거나 미팅에 초대해 왜 이 회사가 좋은지 왜 이 제품을 사용해야 하는지 앞으로는 이 회사밖에 성장할 회사가 없다는 등을 설명하면서 우리는 지난 30년의 세월을 보내왔다.

 지금 네트워크 마케팅 사업자들에게 위 내용과 사업 방식을 결코 부정하는 것은 아니다.
 네트워크 마케팅 사업은 당연히 오프라인에서 누군가를 만나고 제품을 소개하고 사업을 소개하며 미팅에 안내

하고 리더의 그룹 시스템 안에서 성공의 8단계를 배워 나가며 팀을 만들고 이렇게 만들어진 조직은 자신이 몸담은 회사의 온라인 프로그램에 연결하고 성장시켜 나아가야 하는 건 당연하다.

다만 우리는 이 시점에서 네트워크 마케팅 사업 분야는 어떻게 변해가야 하며 우리 사업자들도 어떻게 시대에 맞게 변해 나가야 하는지를 생각해 보자는 것이다.

네트워크 마케팅은 고객이 상품을 구매하는 하나의 시장

본래 시장이란 고객이 자신에게 필요한 상품을 구매하는 장소를 말하며 영어로는 마켓이라 표현할 수 있다.

지난 오랜 세월 동안 시장의 발전은 물물 교환에서부터 화폐가 생겨나고 화폐를 이용하여 개인들이 만든 상품들을 상인에 의해 5일에 한 번 지역을 순회하며 판매하는 5일장이 생겨났으며, 5일마다 상품을 사야 하는 소비자의 불편을 해소하기 위해 한 장소에서 지속적인 판매를 할 수 있는 상점이 형성되었다고 보아야 할 것이다.

오늘날 소비시장은 10여 가지 이상의 유통 구조가 추가되었으며 과거부터 5일장, 재래시장, 구멍가게 형태의 시장 구조에서 정보 통신 수단의 발달로 방문판매, 체인점, 백화점, 할인점, 인터넷 쇼핑 외에 홈쇼핑까지 다양한 유통 구조가 추가되었다.

위에서 언급한 것처럼 과거부터 시장은 시대에 맞추어 변화가 일어난 것이며 오늘날 과거 방식에서 변화하지 못한 유통 구조는 재래 방식으로 평가되고 있다.

예를 들어 백화점이나 할인점이 등장하며 과거부터 존재해왔던 5일장이나 소규모 점포 형태의 시장을 지금은 재래시장이라 부르듯 지금의 할인점이나 네트워크 마케팅 시장 역시 미래를 준비하고 변화와 혁신으로 일신하지 않는다면 새로운 형태의 미래 마켓 생태계에서는 머지않아 재래시장 취급을 받게 될 것이다.

네트워크 마케팅은 본래 생산자와 소비자를 연결하고 중간의 유통 마진을 소비자에게 환원한다는 방식으로 오프라인에서만 이루어지던 전형적인 사업 방식에서 탈피해 온라인과 융화되어 과거보다는 상당 부분 시대에 맞게 변화해 나가고 있다.

하지만 기존의 네트워크 마케팅 분야의 시장을 과거와 같은 방식으로 지속시켜 나간다면 새로운 네트워크 마케팅 회사의 기술과 사업 방식에 기존 업체들은 상당한 고전을 면치 못할 것이다.

할인점은
소형 슈퍼마켓의 현대판

    요즘 젊은 세대들은 태어나면서부터 할인점을 보고 이용하며 살아가고 있으니 할인점이 처음부터 존재했다고 생각할 수도 있을 것이다.

    그러나 지금 우리가 보고 있는 할인점은 1940년대 조그만 잡화점을 운영해오던 미국의 샘 월튼이 1960년대 말 시가지에서 멀리 떨어진 외진 곳의 값싼 토지에 창고를 짓고 기존 소형 점포가 해오던 한 개 단위의 판매 방식을 묶음이나 박스 단위로 제품을 판매하며 가격을 할인해주는 정책으로 시작하여 오늘날 200만 명 이상의 직원과 400조에 가까운 매출을 기록 한 회사가 되었다.

이게 그 유명한 월마트의 시작이었다.

샘 월튼의 사업방식은 좋은 제품을 개발하여 팔기보단 기존 시중에 유통되는 제품을 유통방식과 구조를 개편하여 얻은 결과가 크다고 볼 수가 있다.

이렇게 세계 최고 규모의 유통기업으로 성장한 월마트가 보란 듯이 한국에 진출했었지만 결국 시간이 흘러 월마트를 벤치마킹한 신세계 이마트에 자리를 내주고 한국을 철수하였다.

지나온 시간을 하나하나 지켜보면 우리의 기업가 정신과 국민성은 참 대단하다는 것을 또 한 번 느끼게 해준다. 세계 굴지의 기업이 한국에 와서는 그다지 큰 영향력을 발휘하지 못하니 우리 조상들이 지난 5천 년간 어떻게 나라를 지키고 희생하며 살아왔는지 놀랍지 않을 수가 없다.

이렇듯 유통은 국가나 국민의 경제에 큰 역할을 하는 것은 분명하며 제조된 대다수 상품의 80%에 가까운 비용이 소비자에게 전달되기 전까지 광고와 홍보, 물류비용에 사용되고 있으며 이것을 끊임없이 개선하는 사람 중에는 백만장자가 상당수 태어나는 것도 위와 같은 문제가 있기 때문이다.

  수많은 생산자가 상품의 판로를 찾지 못하고 대형화되어 있는 기업들의 유통 지배 구조 안에서 소비자가격 절반에 가까운 수수료를 지불하면서 대기업들의 횡포에 수많은 중소기업이 어려움에 부닥쳐 있는 것 또한 오늘날 현실이다.

  앞으로 우리의 또 하나의 과제는 높은 물류비를 개선하고 좋은 제품을 만든 제조업자와 소비자가 자유롭게 거래하는 열린 시장 즉 마켓 플레이스 산업들이 많이 등장해야 하며 네트워크 마케팅 산업도 이렇게 변해야 할 것이다.

국내 유통 생태계와 현실

 오늘날 국내 유통 생태계는 유럽이나 미국과는 상당히 다르게 자본가들 즉, 대기업의 독점 구조에 좌지우지되고 있다.
 그로 인해 일반인들의 사업 기회는 줄어들고 대형마트의 계산대나 대기업과 가맹 계약을 맺고 편의점의 주인이 되어 매장을 지키는 사업자로 변화했다.

 기업 오너 2세들은 그의 부모가 얼마나 어렵게 기업을 일구고 어떻게 키워 왔는지를 잘 알기 때문에 부모의 사업을 더욱 크게 키운 2세들이 많이 있지만, 대다수 기업

오너 3세들은 어릴 적부터 대접을 받고 호화로운 유학생활 등으로 부모의 사업 계승보다는 해외에서 잘나가는 브랜드나 명품을 들여와 한국에 판매하는 사업 외에 일반 개인들이 하는 소매업까지 세를 확장하며 중소기업이나 중소 상인들의 생존권은 뒷전에 두고 오직 자신들의 수익 사업에만 몰두하고 있는 게 현실이다.

 또한, 일반 총판이나 도매업자들은 자신의 제품을 유통하기 위해 백화점이나 할인점, 홈쇼핑 같은 대형 유통망에 40%가 넘는 높은 수수료를 지불해야 하고 이렇게 높은 마진 구조를 가진 국내 대형 유통사들 또한 나날이 배를 불리고 사업을 키워 가고 있다.

 이로 인한 일반 직장인이나 자영업자의 미래는 더더욱 자본가들에 의한 시장 구조로 개편될 것이며 개인들이 뭐라도 딛고 일어나기 어려운 세상으로 계속 변할 것이다.
 현재를 살아가는 꿈 많은 젊은이의 사업 입지는 시간이 갈수록 줄어들고 이제 그들이 성공신화를 써 내려간다는 것은 오늘날 더더욱 어려운 사회 구조 속에 살아가고 있으며, 직장 생활이나 소규모 자영업을 통해 얻은 이익으로는 대도시에 평생 집 하나 장만하기 어려운 실정이 되어가고 있다.

 이렇게 대기업들은 시간이 흐를수록 대형 상권을 포함하여 개인들이 해왔던 자영업 분야인 소매 판매업, 식당업까지 영역을 넓혀 가며 자신들의 사업 위치를 확고하게 다져 나아가고 있다.

 거기에 덧붙여 오늘날 테크놀로지 기술은 더없이 발전하여 인공지능과 과학 기술의 발달로 일반 노동자들의 일자리까지 위협하고 있는 것 또한 우리가 풀어 가야 할 미래의 과제이다.

대형 인터넷 쇼핑몰이 추락하고 마켓 플레이스가 뜨는 시대

 유통의 변화는 오프라인뿐만 아니라 온라인 시장도 변하고 있다. 과거 국내 인터넷 쇼핑몰 기준 최상위 회사는 인터파크와 GS홈쇼핑이었다.

 오프라인 유통이 전문성을 가진 체인점 형태와 다양한 제품을 가지고 가격을 할인하는 할인점 형태의 유통업이 강하게 성장해왔듯이 온라인 시장도 오프라인과 비슷한 양상을 보인다.

 인터넷 쇼핑몰 시장은 과거 인터파크처럼 입점 방식(상품의 제조업자나 공급자가 공급가를 제시하고 판매사가 자사의 마진을 더해 판매가를 결정하고 판매하는 방식)

구조의 쇼핑몰이 2010년까지 시장을 지배해왔다.

하지만 미국의 이베이나 한국의 옥션, 지마켓은 기존 입점 방식이 아닌 시장을 공급자에게 오픈하는 방식 즉 마켓 플레이스(상품의 공급자가 자유롭게 판매가를 결정하고 판매사에 판매된 제품에 정해진 수수료를 납부하는 방식) 형태의 쇼핑몰이 탄생하며 2020년 기준 국내 1위에서 5위까지 모든 인터넷 쇼핑몰은 오픈마켓이라 불리는 마켓 플레이스 업체들이다.

10년 전만 해도 국내 입점 방식의 쇼핑몰 회사 MD들은 옥션이나 지마켓을 허접스러운 경매 사이트로 비하하였으며 교육과 서비스 정신이 부족한 공급자가 소비자를 응대하기 때문에 불친절하기도 하고 무뚝뚝한 말투로 응대하는 이류 쇼핑몰로 취급하였다.

여기에 더욱더 안타까운 것은 미래를 보지 못한 옥션의 창업주나 지마켓을 창업한 인터파크는 지금의 이베이에 회사를 매각하였으며 자신들이 매각한 회사가 이제 자신들보다 더 큰 회사로 성장하였으니 배가 아플 수도 있을 것이다.

 그들은 왜 온라인 시장에서 서로의 위치가 변동된 것일까?
 그 문제는 생각 외로 아주 간단하다. 단점보다는 장점이 많기 때문이다. 어느 곳에서나 단점은 존재하겠지만 미래를 내다보는 사람이라면 단점보다는 가능성과 장점을 살펴보아야 한다.
 마켓 플레이스의 장점은 기존 입점 구조 형태와 달리 같은 제품을 취급하는 다수의 공급자가 하나의 판매 회사에 들어와 가격 경쟁을 함으로써 공급자 간의 경쟁이 이루어져 소비자는 저렴한 가격에 쇼핑을 할 수 있기 때문이다.

 이렇듯 인터넷 쇼핑몰 시장도 오프라인처럼 양분화되어 가고 있다.
 하나는 자신만의 독점성과 전문성을 가진 제품을 판매

하는 소형 전문 몰과 다양한 제품을 판매할 수 있도록 시장을 열어주고 일정한 수수료를 받는 오픈마켓 즉 마켓 플레이스 구조이다.

과거형 유통?
현재형 유통?
미래형 유통?

　지금까지 이 책을 통해 오프라인과 온라인 유통 방식의 성장을 지켜보면서 미래의 유통도 어떻게 흘러가는지를 예측해 보아야 할 것이다.

　위 내용을 토대로 네트워크 마케팅 산업도 이제는 어떻게 대처해야 하는지를 가늠케 한다.

　기존 오프라인 성장 산업도 2가지 부류로 나누어 볼 수가 있다.

　첫 번째는 기존 제품을 다양하게 팔면서 가격을 할인해 주는 백화점이나 할인점 형태의 유통 구조이다.

지난 시간 동안 많은 경쟁을 거듭 해왔으며 같은 제품을 더 저렴하게 사고 싶은 소비자의 욕구를 충족시킨 것이다.

두 번째는 소규모 제품을 취급하지만, 자사의 독특한 아이템이나 전문성을 가진 맥도널드, 스타벅스 같은 체인점 형태이다.

이런 프랜차이즈 형태의 유통 구조가 가격 파괴 시장에서 살아남을 수 있었던 이유는 자사의 제품이 다른 유통에 판매되지 않으므로 가격 비교를 당하지 않기 때문이다.

오프라인 시장과 마찬가지로 이제 온라인 시장에서도 매출이 전문점 형태의 쇼핑몰과 대형화 쇼핑몰 형태로 양분되고 있으며 대형 온라인 쇼핑몰의 트렌드도 이제 오픈마켓 형태인 마켓 플레이스 구조로 트렌드가 확연히 변화되고 있다.

오늘날 판매자 중심의 인터파크 아성이 무너지고 공급자 중심의 쿠팡이나 옥션, 지마켓, 11번가나 해외에서는 이베이와 알리바바 같은 마켓 플레이스 구조의 회사가 점차 강세를 보이는 전망이다.

 또한, 최근 TV 홈쇼핑 업체들도 자사의 방송 시간에 소개하는 제품 외에 자사의 쇼핑몰 상품을 옥션이나 지마켓 등에 위탁 판매하고 있다.

 온라인 쇼핑몰도 소수의 전문성을 가진 쇼핑몰과 다수의 제품을 저렴하게 판매하는 마켓 플레이스 구조로 양분화되어 왔다.

 이렇게 시장이 바뀌어 가는 주된 이유는 과거와 다르게 소비자들의 인터넷 이용 수준의 질적 상승으로 제품을 선택하는 소비의 수준이 상승하였기 때문이다.

 지나온 과거를 보고 미래를 예측해 본다면 네트워크 마케팅 산업의 미래는 자사의 전문성을 가지고 소규모 제품을 판매하는 회사와, 현재까지는 진행되진 않았지만 공급자 중심으로 다수의 제품을 판매하며 가격경쟁을 하는 마켓 플레이스 구조를 가진 네트워크 마케팅 회사로 양분화되어 갈 것이다.

미래형 네트워크 마케팅은?

 전 세계적으로 유명한 미래학자인 앨빈 토플러는 1980년에 출간한 그의 저서 제3의 물결에서 미래에는 프로슈머의 시대가 다가온다는 말을 언급하였으며 2006년도에 출간한 '부의 미래'에서는 현명한 소비자들로 인하여 현재 프로슈머가 진행 중이라고 말하였다.

 프로슈머(PROSUMER)란 생산자(PRODUCER)와 소비자(CONSUMER)의 합성어로 미래학자 앨빈 토플러에 의하여 만들어진 신조어이다.

 앨빈 토플러의 말은 생산자가 소비 활동에 참여하고 소비자는 생산 활동에 참여한다는 의미가 있는데 결국 이

논리는 오늘날 백화점이나 할인점 네트워크 마케팅처럼 일방적 판매 방식이 아닌 미래는 누구나 자유롭게 공급자가 되고 누구나 자유롭게 소비 활동을 하는 마켓 플레이스의 형식의 생태계로 흘러간다고 이야기한 것이라고 볼 수가 있다

네트워크 마케팅 산업은 사업자가 유통에 관여해 온 것일 뿐 자사의 판매망에 자신이 공급하는 행위는 아니었기 때문에 실제 프로슈머 활동에 크게 관여한다고 볼 수는 없다고 말해야 올바를 것이다.

지금까지 네트워크 마케팅 산업은 많은 성장을 거듭하고 있지만, 아직도 과거 방식의 전형적인 입점 구조로 되어 있는 게 현실이다.

자사의 제품이 아닌 OEM으로 제품을 생산하고 시중에 판매되는 같은 회사의 제품들보다 높은 가격으로 판매하면서 고객에게는 생산 라인이 달라서, 성분이 달라서 등의 핑계로 비싸게 팔고 있음을 변명하는 것이 지금 사업자들의 실정이다.

그렇다면 네트워크 마케팅에서 취급하지 않은 것은 성분이 다 나쁘고 제품이 다 안 좋은가? 그것은 아니다. 오히려 수많은 제품과 용역이 일반 유통 구조나 온라인에서 판매되기 때문에 미래의 네트워크 마케팅 회사들은 가격 정책을 유지하려면 자사의 제품만을 판매하는 전문점 형태이거나 다양한 제품을 판매하려면 시장을 열어 누구나 사고파는 마켓 플레이스 형태를 선택하여야 할 것이다.

따라서 현재까지 진행되고 있는 네트워크 마케팅 회사의 사업방식(공급자에게 물품을 공급받아 회사 이익을 고려한 PV 등을 설정하고 사업자에게 판매)은 입점 형태의 사업방식이라 미래의 성장 동력에 많은 제약이 뒤따를 것은 분명한 사실이다.

기존 입점 방식의 가장 큰 문제는 같은 입점 상품을 더 저렴하게 공급할 수 있는 벤더사가 많은데 한 곳의 입점사만이 채택되면 다른 공급처는 그 회사에 공급하기가 어렵거나 해당 회사의 MD 승인을 받기가 하늘의 별 따기

라는 점이다.

 시장의 경쟁 구조와 제품의 가격은 수시로 바뀌어 가는데 그럴 때마다 공급사에 공급가를 낮추어 달라기도 쉽지 않고 일일이 판매사 MD가 가격을 일방적으로 수정하기 어려우므로 오늘날 모든 유통 구조에서 판매자 중심의 입점 방식 유통 구조가 쇠퇴해 가고 있다.

 그래서 미래의 유통 구조는 앨빈 토플러의 말처럼 진정한 프로슈머 구현을 하는 기업이나 사람들이 백만장자가 될 것이며 이제 네트워크 마케팅 산업도 진정한 프로슈머형 방식으로 바뀌어 나아가야 한다.

사는 사람이 많으면
가격이 내려간다?

　처음 네트워크 마케팅 회사들이 사업을 시작하면서 자사의 회원을 많이 모집하기 위해 가장 많이 했던 말 중 하나가 '앞으로 구매 회원이 많이 늘어나면 공급 단가를 낮출 수 있고 판매 가격이 내려갈 것이다.' 라는 것이다.

　그러나 언제부터인가 이 말은 뒷전으로 밀려나면서 판매망이 커져 매출이 높은 회사일수록 가격을 올려 더 많은 이익 구조를 취하고 입점 되어 있는 상품들은 같은 회사의 제품임에도 불구하고 오히려 시중 가격보다 상당히 높게 책정되어 있는 편이다.

소비자들의 구매 의식과 수준은 상당수 올라갔음에도 불구하고 아직도 과거의 정보가 약했던 시절의 순진한 소비자들을 다루듯 지금도 우리 것은 품질이 좋다고 말하거나, 같은 유형의 제품을 OEM으로 납품받아 판매하는 제품에 대해서는 성분이 다르다는 식으로 대응하고 있다.

이렇게 시장이 흘러온 이유는 공급사로부터 견적을 받은 판매사는 자사의 이익을 가장 우선시하고 판매가를 결정하기 때문이며 자사의 이익이 없다고 생각하는 제품은 아예 입점조차도 할 수가 없기 때문이다.

지난 시간 동안 높은 이익 구조를 취해 왔던 네트워크 마케팅 회사가 OEM이나 ODM으로 공급자로부터 상품을 위탁받은 제품에도 기존에 자사가 생산해온 제품처럼 상대적으로 높은 수익 구조를 취하려니 가격경쟁에서 떨어지고 사업자의 수당 기준이 되는 PV는 더없이 작아지는 게 현실이다.

이러한 현실을 두고 필드에서 활동히는 사업자는 소비자로부터 같은 회사 제품인데 왜 다른 유통보다 이렇게 비싸냐 등의 질문을 받으면 우리 회사에서 공급하는 제품은 시중 제품과 품질이 다르다, 성분이 다르다로 변명해 오고 있다.

  이제 네트워크 마케팅 회사도 기존 다른 유통 구조와 경쟁하고 이겨 나가려면 회사의 운영 기준과 마진 구조가 맑고 투명해야 한다.

  자사의 이익 중심이 아닌 회사와 사업가 그리고 소비자에게 맑고 투명한 수수료 제도를 도입하고 열린 시장 즉 마켓 플레이스 시장에 법적 문제가 되지 않는 범위에서 상품 공급자는 자유롭게 상품을 판매하고 공급자가 시장 변화에 맞추어 상품 가격을 자유롭게 내리고 올릴 수 있으며 소비자도 가격과 품질을 비교하여 자신에게 맞는 상품과 재화를 구매할 수 있어야 한다.

  이제 누구나 사고팔 수 있는 네트워크 마케팅 시장이 열리면 수많은 소비자로부터 신뢰를 얻어 향후 미래에 상당한 시장 영향력을 발휘하며 성장해 나갈 것이다.

앞으로는 모든 제품이 시장에서 품질과 가격경쟁을 해야 하고 네이버나 구글 같은 포털 사이트에서 다른 유통회사들과 가격비교를 해도 경쟁력이 떨어지지 않아야 한다.

이렇게 시장을 열고 오픈 마켓 사업구조로 가지 않는 네트워크 마케팅 회사들은 자사에서 개발된 제품이나 판매하는 소형 전문점밖에 될 수 없을 것이다.

위 내용을 종합해 본다면 시장 원리는 '제품을 사는 사람이 많으면 가격이 내려간다' 가 아니라 '제품을 파는 사람이 많아야 가격이 내려간다' 라는 것을 이해해야 한다.

자신의 능력보단
트렌드를 따라가라

  세상 사람들은 자신이 일하는 분야에서 모두가 많은 돈을 벌고 부자가 되기를 바랄 것이다.
  하지만 여러분들도 아시다시피 세상사 돈을 번다는 것이 그리 쉬운 일인가.

  머리가 똑똑하고 독특한 창의력을 가진 사람이라면 제조업을 통해 돈을 벌어들일 수 있을 것이다.
  그렇지 않은 일반 대다수의 사람은 생산된 재화와 서비스를 이용해 돈을 벌어야 하는데 살면서 시대에 맞는 사업 아이템을 찾거나 활용한다는 건 더욱더 쉬운 일은 아니다.

'돈을 벌려면 돈이 오는 길목에서 기다려라' 라는 말은 아마 부자가 된 사람들 입에서는 쉽게 나오는 말이지만 일반인들은 돈이 오는 길목이 어딘지를 알기도 쉬운 일이 아니지 않은가?

부자가 되고 성공한다는 것은 능력도 필요하지만, 운도 많이 따라야 한다.

그중에 제일 큰 것은 자신이 가지고 있는 능력보다도 시대의 흐름을 이해하고 미래의 잠재된 고객이 사용할 아이템을 찾는 것, 그게 바로 트렌드를 읽는 것이다.

예를 들어 당신에게 30년의 세월을 돌려준다면 당신은 무슨 사업을 통해 성공할 수 있는지 예측해 볼 수 있을 것이다.

만약에 당신이 자신의 능력을 믿고 30년 전 모토로라의 휴대폰 총판을 계약했고 당신의 친구는 능력은 부족하지만, 삼성전자의 휴대폰 총판을 계약했다고 가정해 본다면 30년이 지난 지금 당신과 당신의 친구는 어떻게 되었으며 어떻게 되어 있을까?

처음에 모토로라의 총판을 계약한 당신이 성공했겠지만, 현재는 삼성전자의 휴대폰 총판을 한 당신의 친구가 당신보다 더 많은 성공을 일궈냈을 것이다.

이렇듯 사람 개개인의 능력도 중요하지만 자신의 능력보다 미래 가치를 이해하는 것은 더더욱 중요한 결과를 초래한다.

또 한 가지 예를 들어보면 현재 당신은 인터파크의 주인이면 좋겠는가? 지마켓의 주인이면 좋겠는가? 필자라면 지마켓의 주인이기를 선택할 것이다.

왜냐하면, 인터파크가 인터넷 쇼핑 산업에 먼저 진행을 하였지만 지금의 지마켓에 비하면 아주 작은 회사가 되어버렸기 때문이다.

미래의 절대적
수요 시장

    오늘날 향후 가장 큰 이슈가 될 시장 중 하나를 꼽는다면 당연히 안티에이징(anti-aging) 산업과 웰니스(wellness) 시장을 말할 것이다.

    그 이유 중 하나는 인간의 생명이 길어지고 우리가 원했던 생명 연장이 현실이 되니 또 다른 문제들이 야기되기 때문이다.

    인간의 생명이 길어진 여러 가지 이유 중에 의료기술의 발전과 샤워 문화, 그리고 5대 영양소에 대한 지식 등을 꼽아 볼 수가 있을 것이다.

일례로 샤워 문화가 발달되지 않은 아프리카의 평균 수명은 45세 전후이며 샤워 문화가 보통인 아시아의 중국이나 북한은 60대 후반의 평균 수명을 보여 주고 있다.

 이와는 반대로 샤워 문화와 식생활 문화가 발전한 유럽이나 미국, 일본, 한국 등 나라의 국민 평균 수명은 80세 이상을 웃돌며 지금도 평균 수명은 매년 증가되고 있다.

 현재 우리는 100세 시대를 바라보고 있으며 생명이 길어진 만큼 혈관질환부터 관절, 장기, 눈 건강 등 많은 질환을 겪고 있으며 이외에도 최근 면역에 대한 심각한 질병에 노출되어 있다.

 우리 몸의 면역에 문제가 생겨난 이유 중 하나는 매일 정해진 식단으로 음식을 섭취하고 다람쥐 쳇바퀴 돌 듯 매일매일 비슷한 부류의 식사를 하며 대다수 가공된 음식을 섭취하므로 자연에서 의식주를 해결하던 예전과 이제는 거리가 멀어진 생활을 하고 있기 때문이다.

 이로 인한 과거에 존재하지 않던 질병인 암이나 바이러스 같은 질환에 취약해지고 있으며 과일이나 동물처럼 사람도 외형은 커졌지만, 내실은 상당히 부족해졌다는 것이다.

 과거에는 나타나지 않았던 암이나 신종 바이러스들은 왜 새롭게 등장한 것일까?
 아니 새롭게 나타난 바이러스가 아니라 원초적으로 존재하던 바이러스인데 과학적으로 밝혀지지는 않았지만, 인간의 면역이 떨어지면서 나타나는 증상일 수도 있다.
 여기서 의문이 가는 게 하나 있는데 같이 한번 생각해보자.
 조류독감에 걸린 기러기는 병에 걸린 상태에서 그것도 추운 시베리아에서 어떻게 수만 리를 날아왔을까?
 조류독감에 걸린 기러기가 닭 사육장 주변을 넘나들면 왜 멀쩡했던 닭들은 집단 폐사를 하는 것일까?
 기러기는 자연에서 오가닉 음식을 먹지만 인간에게 사육당하는 닭들은 좁은 닭장 안에 갇혀 규칙적으로 정해진 사료 즉 인스턴트식품의 영양을 섭취하기 때문이다.
이렇게 생산된 육류와 음식이 우리의 식탁을 차지하게

되고 닭장 안의 닭들처럼 매일 정해진 식단에 맞추어 식사하고 생활하면서 면역력이 떨어지고 과거에 노출되지 않았던 바이러스에게서 벗어날 수 없는 것은 아닌가 깊이 생각해 보아야 한다.

 이러한 여러 가지 이유로 미래는 안티에이징 산업과 웰니스 산업이 눈에 띄게 성장할 것은 분명하며 너도나도 모든 네트워크 마케팅 회사가 건강식품을 취급하고 있는 이유도 미래의 잠재 성장이 가장 큰 시장이기 때문일 것이다.

 의학의 아버지인 히포크라테스는 모든 질병의 치료법은 자연에서 얻을 수 있다고 주장하였다.
 오늘날 우리가 자연과 너무 멀어지진 않았는지 다시 한 번 생각해 보아야 한다.

새로운 1조 달러
시장은 웰니스 산업

 미국의 저명한 경제학자이자 미래학자인 '폴 제인 필저'는 다가오는 10년 후에 미국 경제의 7분의 1에 해당하는 소비가 웰니스 산업 분야에서 이루어질 것이라 예견하고 있다.

 북미에서 지금까지 한 분야에서 1조 달러 산업을 넘긴 산업은 자동차 산업과 컴퓨터 산업뿐이며 향후 10년 이내에 웰니스 산업은 자동차와 컴퓨터 산업을 능가하는 새로운 성장 산업이 될 것으로 보고 있다.

 과거 수많은 사람이 소나 마차가 다니기도 좁은 도로에

무슨 자동차 산업이 성장할 것이냐 관망했지만, 오늘날 자동차는 한 가정에 하나씩 소유하고 있으며 남보다 앞서 자동차 산업에 눈을 떴던 사업가들은 상당한 부를 축적하였다.

컴퓨터 산업도 이와 마찬가지이다. 컴퓨터는 처음 기업에 사용되도록 설계되었으며 기업의 업무 효율을 증대하기 위한 도구와 수단으로 여겨졌었다.

그러나 지금은 컴퓨터 앞에 개인용이라는 퍼스널 단어가 하나 더 붙여져 퍼스널 컴퓨터라고 부르며 약자는 PC라고 부르고 있다.

오늘날 가정마다 하나 이상의 PC가 존재하며 컴퓨터 산업은 자동차 산업을 능가하는 산업으로 성장했다.

이제 지나온 시간에서 기회를 얻기란 쉽지 않은 게 현실 아닌가.

우리에게 지난 50년과 30년을 되돌려 준다면 자동차 산업이나 PC 산업에 참여해 많은 부를 축적하는 계기를 만들 수 있겠지만, 지금은 2021년이며 지나온 과거는 우리에게 다시 돌아오지 않는다.

그러므로 우리는 새로운 부를 만들고 축적하기 위해서는 다가오는 미래에 발 빠른 대비를 하여야 하며 새롭게 형성되는 미래 시장에 다른 사람들보다 먼저 학습하고 준비하는 것뿐이다.

오늘날 기업가들은 농·축산업의 생산성을 증대하기 위해 수많은 화학 비료를 제조하고 인공적으로 유전자를 변형시켜 외형만을 키우는 데 집착해 왔다.

그것이 기업을 살찌우고 그들의 돈벌이 수단이기 때문이다.

그로 인해 수많은 사람에게 비만과 면역력 저하 등 또 다른 수많은 질병을 만들어 내고 문제들을 일으켜 왔다.

이제 이러한 문제를 알게 된 소비자들은 과거보다 화학 성분이 아닌 자연 친화적인 오가닉 제품들을 선호하고 약을 찾던 환자는 건강식품을 찾기 시작하고 있다.

어떻게 보면 지난 세기 동안 우리는 자연을 떠나 많은 과학과 기술 발전만을 생각해 왔을 뿐이다.

과학의 발전 때문에 수많은 후유증이 나타나고 있으며 앞으로 이것을 극복해 나갈 시장이 바로 웰니스 산업이다.

웰니스 산업에서도 지난 수십 년간 암의 발생이 가장 많았다면 지난 10여 년 전부터는 심혈관 질환이 암의 발생률을 앞질렀다.

하지만 이제는 바이러스 감염 질환이 가장 큰 질병 산업으로 떠올랐으며 향후 미래는 웰니스 산업의 가장 큰 성장 산업으로 바이러스 질환의 백신 산업과 면역 산업이 가장 활발한 성장을 해 나갈 것이다.

지금도 굴지의 제약사들은 바이러스에 대한 백신과 면역 산업에 상당한 연구와 투자를 하고 있으므로 미래 산업에 관심이 많은 사람은 앞으로 이 산업을 눈여겨보아야 한다.

인큐텐 마켓 플레이스 컴퍼니

  오랜 시간 동안 직접판매 분야를 연구해 온 인큐텐 회사의 전문 경영인과 리더들은 어제와 똑같은 사고를 하고 제품을 판매하기에 급급한 네트워크 마케팅 산업의 사업 형태를 지켜보며, 이 산업이 더 나은 산업으로 성장시키기 위해 뜻을 모았다.

  이제 이들은 미래를 선도하는 혁신적인 네트워크 마케팅 회사를 설립하게 되었으며, 유가증권 1군 시장(KOSPI)에 상장된 팜젠사이언스가 출자하여 인큐텐 마켓 플레이스 컴퍼니가 출범하게 되었다. .

팜젠사이언스는 1961년에 설립된 의약품 개발, 제조 및 판매 전문 기업으로 글로벌 제약회사에서 필요로 하는 우수 의약품 제조 및 품질 관리 기준(GMP)을 만족하게 하는 제조 시설을 갖추고 있다.

또한, 팜젠사이언스의 중앙연구소에서는 최고의 석박사 인력이 신약과 최신 건강기능식품을 연구·개발하고 있으며, 서울대학교 생명 공학 연구원과 AI 빅데이터를 활용한 당뇨, 치매 등 각종 난치병 등을 치료하는 플랫폼 기술을 적용하여 개인별 맞춤 처방을 가능케 하는 정밀 의료 서비스를 제공할 계획이다.

팜젠사이언스는 끝없는 도전과 노력으로 계열사를 포함하여 시가총액 1조 5천억 원 이상의 규모 있는 회사로 성장해 왔으며 핵심 자회사인 엑세스바이오는 기술력을 인정받아 빌 게이츠 재단에서 투자한 회사이기도 하며 선진화된 진단기술로 코로나 진단키트를 미국과 유럽 등 전 세계에 수출하고 있다.

수많은 건강식품 회사들이 간혹 제약회사를 비난하지만, 건강식품 회사는 의약품을 제조할 수 있는 능력이나 기준을 갖추고 있지 않다.

이와는 반대로 제약 회사는 수많은 임상 사례와 과학에 근거한 의약품을 제조하고 인적자원도 우수하며, 건강기능 식품을 만들 수 있는 모든 기준을 갖추고 있다.

글로벌 바이오 회사로 탈바꿈을 진행하고 있는 팜젠사이언스의 든든한 후원은 인큐텐의 미래 성장의 주역이 될 IBO 분들의 사업 성장에 큰 힘이 되어 줄 것이다.

인큐텐 사업모델의
3가지 핵심 성장 동력

 모든 회사가 자사가 소유한 제품이 최고라 말하겠지만, 세상에는 네트워크 마케팅 회사보다 좋은 제품을 개발하는 회사도 많다는 것을 우리는 알아야 한다.
 그렇다면 그들의 제품도 우리가 거래의 벽을 낮추고 함께 이용할 수 있는 방법도 연구해야 하는 게 우리의 목표이다.

 인큐텐 사업의 첫 번째 핵심 동력은 미래의 부가가치가 가장 높은 분야인 바이오 헬스케어 분야이다.
 지난 수십 년간 우리 몸에 일어나는 수많은 질병을 치료

하는 의약품과 건강식품을 연구 개발해온 기술력을 바탕으로 현재 300여 명 이상의 전문 연구원들이 인큐텐 사업의 미래 웰니스 산업을 대변할 수 있도록 다양한 건강 기능식품을 연구 개발 중이며 또한 우리의 연구 수준은 이미 세계적 수준에 이르렀다.

특히, 인큐텐에서 공급되는 커큐민 관련 제품은 한국 생명공학 연구원에서 개발한 특허물질이 함유된 제품으로, 커큐민은 이미 지난 100년간 최고의 파이토케미컬로 평가받고 있으며, 전 세계가 커큐민 연구에 몰입하고 있다.
이렇게 세계적으로 커큐민의 연구가 활발한 이유는 커큐민이 인간의 면역이나 항염, 치매 예방 등에 상당한 효과가 있는 것으로 밝혀지고 있기 때문이다.

하지만 커큐민은 지용성 물질이라 인체에 흡수가 잘 되지 않는 것이 지금까지 문제였는데 이것을 세계 최초로 한국 생명공학 연구원의 이우송 박사 연구팀이 지용성 커큐민을 수용화 시키는 데 성공하였으며 커큐민 복합체의 대량 생산 시스템 개발도 성공하였다.

또한, 이 복합체들은 동물 테스트에서 기존 커큐민 대비 400배 ~ 1,000배의 흡수율을 높이는 결과를 이루어냈다.

그리고 수용성 커큐민의 더 놀라운 효과는 PED코로나, 로타바이러스 등 다양한 바이러스 임상에도 그 효과를 증명해 가고 있으며, 향후 건강기능식품 시장에 상당한 파장을 불러일으킬 것으로 판단되고 있다.

팜젠사이언스 관련 연구진들은 코로나 진단키트를 어느 제약회사보다도 앞선 기술력을 바탕으로 전 세계 시장에 수출하고 있으며, 회사의 전문 연구원들은 지금도 매일 인큐텐 사업의 미래 가치를 위해 우수한 건강 기능식품들을 연구하고 있다.

인큐텐 사업의 두 번째 핵심 동력은 합성화학 성분을 사용하지 않는 발효 코스메슈티컬 기술이다.

우리가 몸에 바르는 모든 식물 성분은 수분과 만나면 부패하기 쉬운 상태가 되는데, 부패를 막기 위해 대다수 회사는 파라벤류, 페녹시에탄올 등 합성방부제를 사용한다.

지금도 세계적으로 유명한 대다수 회사가 이 같은 방식을 사용해 부패를 막고 있다.

인큐텐의 코스메슈티컬 연구소는 지난 20여 년간 끊임없이 발효 및 천연화 기술을 연구하고 있다.

이를 통해 합성원료를 천연물질로 대체할 수 있는 축적된 노하우를 가지고 있기에, 시중에 판매되는 일반적인 화장품에서 사용하는 합성방부제가 아닌 천연물질로 원료의 부패를 막는 기술을 가지고 있다.

모유를 먹고 자란 아이들이 분유를 먹고 자란 아이들보다 면역력이 훨씬 높다는 사실에 주목한 결과, 엄마의 모유 성분 중 하나인 라우르산이라는 성분이 인간의 면역을 높이고 생명과 성장발달에 가장 큰 역할을 한다는 것을 알게 되었고, 라우르산 성분이 가지고 있는 기능을 더 높이기 위해 발효기술로 라우르산을 모노라우르산으로 변화시켜 이 성분을 화장품의 기술에 적용하였다.

또한, 인큐텐에서 사용하는 특허물질 중 사화근효액은 현존하는 화장품 성분 중 최고의 항산화 효과를 입증하였다.

인큐텐 사업의 세 번째 성장 동력은 마켓 플레이스 전문가들이다.

지금 지구촌은 온통 마켓 플레이스 형태의 산업만 유독 성장하는 것을 알 것이다. 예를 들면 쇼핑몰은 아마존, 이베이, 알리바바, 옥션, 쿠팡 이외에도 우리가 플랫폼이라 말하고 있는 우버, 에어비앤비, 호텔스닷컴, 배달 앱, 직방 등 모든 유통 생태계 구조가 마켓 플레이스 형태로 변형되고 있다는 것이다.

인큐텐이 제공할 사업 모델은 기존 네트워크 마케팅 기업의 구조와 틀을 과감히 버리고 누구나 판매하고 누구나 구매하는 오픈 된 마켓을 제공하게 될 것이며 그동안 자사의 이익에 초점을 두어 왔던 회사들과 달리 누구에게나

10% 이상의 수수료로 상품 공급 기회를 제공하고 소비자에게는 가격 경쟁력을 제공하는 네트워크 마케팅 산업에서는 지금까지 없었던 진정한 플랫폼 사업이 진행되는 것이다.

미래는 분자형의 공급자와 구매자가 어우러지는 셀마켓 시대가 도래하고 있고 인큐텐 사업 모델은 마켓 플레이스 시장을 넘어 셀마켓 시장까지 준비하고 있으며 미래를 내다보는 안목을 가지고 시장에 대응해 나갈 것이다.

인큐텐에서 제공하는 플랫폼 비즈니스 모델인 마켓 플레이스 사업은 상품을 팔고자 하는 모든 공급자에게 시장을 열어주고 함께 상생하는 사업 모델로 IBO 분들에게 지구촌에서 가장 큰 사업 기회를 제공하게 될 것이다.

인큐텐 비즈니스의 수익성

　모든 사업에서 자신에게 돌아오는 수익성은 아주 중요한 부분을 차지한다.

　수익성의 사업 논리는 어떻게 보면 매우 쉽고 간단하다.

　우리가 이용하는 상점 중에서 목이 좋은 곳은 땅값이 비싸고 임대료가 높다.

　사람이 많이 살고 소비가 많이 이루어지는 상권일수록 이용하는 고객이 많고 장사가 잘 되기 때문이다.

　네트워크 마케팅 사업도 간단하게 생각해 보면 소비가 이루어진 만큼 유통 이익을 돌려주는 방식인데 누가 많이 번다, 어디가 많이 번다는 것을 주장하는 건 큰 의미가 없다.

인큐텐의 IBO 분들에게는 법에서 정한 최대의 이익을 돌려주기 때문에 이 책을 통해 어떻게 수익을 돌려주는지는 크게 이야기하지 않겠다.

인큐텐의 IBO 분들에게 보상플랜 정보를 받으면 쉽게 이해가 될 것이다.

인큐텐 보상플랜의 핵심은 초기 사업자에게 빠른 수익을 되돌려 주며 중간 리더에게는 안정적 수익을 줄 수 있도록 기획되어 있으며 최상위 리더에게는 높은 공유 수익으로 회사 전체 매출을 공유 받을 수가 있다.

인큐텐의 수익성을 따져보면, 지금 이 책을 읽고 있는 당신이 앞에서 언급한 내용을 공감한다면 그것만으로도 이 사업의 수익성은 충분하다.

왜냐하면, 당신이 공감한다는 뜻은 당신 주변 사람이 공감한다는 의미이고 크게 생각하면 대한민국의 소비자들이 공감할 내용이기 때문이다.

미래에 잠재된 사업가들이 이 사업에 흥미를 갖는다는 것은 당신의 주변에 성공을 꿈꾸고 있는 누군가도 흥미를 갖게 된다는 것을 의미한다.

  앞서 말했듯이 돈이 모이는 곳은 미래의 수요가 있는 곳과 기존 유통구조를 보다 혁신적인 유통구조로 개선한 곳이다.
  이는 인큐텐의 사업모델과 성향이 일치하기 때문에 당신이 인큐텐 사업에 열정과 의욕이 있다면 당신의 모든 문제는 해결되는 셈이다.

  다가오는 100세 시대의 웰니스 산업을 준비하고 네트워크 마케팅 산업의 근본적 구조를 변화시킨 인큐텐 비즈니스 사업 모델은 미래의 현명한 소비자와 사업가가 있을 곳이기 때문에 돈은 덤으로 따라올 것이라는 것은 분명한 사실이다.

네이버와 구글에서 판매되는 경쟁력 있는 네트워크 마케팅

앞으로의 시장은 연예인의 광고 효과보다 인플루언서의 영향력이 커지게 될 것이다.

지금까지 유통의 최고 경쟁력이 마켓 플레이스라면 미래는 인플루언서에 의한 셀마켓 형태의 마케팅이 성장을 해 나갈 것이다.

향후 인큐텐 마켓 플레이스가 제공하는 사업 모델은 공급자의 벽을 낮추고 최소 10%의 수수료로 자신의 상품을 인큐텐의 회원에게 판매할 수 있으므로 어떤 가격 비교에서도 우위성이 확보되어 소비자에게 이익을 주는 유통 구조이다.

이러한 플랫폼 비즈니스는 향후 호텔 중개 서비스부터 여행 중개 서비스 등 다양한 분야에 적용될 수 있는 시스템 구조이며 수수료 시장은 국내에서만도 향후 수백조에 가까운 부가가치를 만들어 낼 수 있으므로 결코 작게 볼 시장이 아니다.

　쉽게 말해 차를 연결해 주는 카카오 택시나 대리운전을 연결해 주는 서비스 외에 배달의 민족 같은 음식 배달 서비스 등 다양한 분야의 수수료 시장이 성장해온 것을 최근 느낄 것이다.

　위에서 언급한 것처럼 이제 대부분의 시장 구조는 오픈마켓을 표준으로 하는 마켓 플레이스 방식의 시장구조로 바뀌어 가고 있다.

　이 시장 구조가 성장을 하는 주된 이유는 누구에게나 공급의 기회와 정해져 있는 룰 그리고 투명한 수수료 제도로 인해 공급자에게는 신뢰와 소비자에게는 가격 경쟁력을 제공하기 때문이다.

이제는 인큐텐의 사업성과 상품을 블로그나 유튜브, SNS 등 온라인에서 홍보해도 자신의 수익으로 연결이 될 수 있으며, 네이버나 구글 같은 포털에서 가격 비교를 해도 경쟁력 있는 판매 가격 구조를 형성할 수 있으므로 소비자들에게 큰 만족을 줄 수 있을 것이다.

또한 인큐텐의 사업 모델은 미래의 강력한 네트워크 마케팅 시장을 만들어 가는 표준이 될 것이다.

기회는 날아가는
새와 같다.

세상은 끊임없이 새로운 기술이 나오고, 새로운 방식의 제품이 탄생하며, 새로운 사업모델이 출현한다.

그럴 때마다 성공을 이루어 낸 사람들은 남보다 앞서서 학습한 사람들이며 새로운 변화를 끌어낸 사람들이다.

모든 일에는 적절한 시기와 타이밍이 맞아야 기회가 되는 법이듯 우리는 매일매일 누군가로부터 많은 이야기를 듣기도 하지만 그 상황을 때론 그냥 지나치기도 한다.

다시 10년 아니 20년의 세월이 흐르고 난 후 지난 시절을 생각하며 그때의 정보가 나에게 기회였었다고 생각을 하며 지난 시간을 두고 후회하기도 할 것이다.
  그때 그게 나에게 기회였는데..라고 하면서 지금 후회한들 또 무슨 소용 있겠는가.

  시간이 흐를수록 대기업이 개인 사업영역까지 확장하여 더는 성공의 기회가 작아지는 이 시대에 지구상 마지막 유통이라 불리고 있는 네트워크 마케팅 산업에 혁신을 더한 인큐텐의 마켓 플레이스 사업 모델은 이제 더는 단축될 수 없는 생산자와 소비자 간의 상거래를 시작하는 것이며 오늘날 네트워크 마케팅 사업모델 중 인큐텐 마켓 플레이스만큼 개선되기는 앞으로도 어려울 것이다.

  향후 인큐텐에서 제공되는 사업모델은 네트워크 마케팅 산업 분야에서 마지막으로 당신이 참여할 기회가 될 것이며, 다가오는 1조 달러 웰니스 산업의 선점과 기존 네트워크 마케팅 판매 방식의 혁신적인 개선은 지금 저와 여러분에게 다시 한번 새로운 사업 기회를 얻을 수 있고 자신을 발전시켜 나아갈 수 있는 최고의 선택이고 타이밍이 될 것이다.

시대가 바뀌어 가고 있다.

　자동차 한 대도 보유하지 않은 우버는 차를 필요로 하는 소비자와 차를 가지고 파트타임으로 돈을 벌고자 하는 차주를 연결해 주는 플랫폼 하나로 120조의 자산 가치를 가지게 되었다.

　배달의 민족은 집에서 음식을 배달 받고자 하는 소비자와 음식을 팔고자 하는 식당의 주인을 연결해 주고 10조 원에 가까운 자산 가치를 만들었으며 얼마 전 유럽의 투자가에게 5조 원에 매각하였다.

　이와 반대로 비행기를 수백 대 보유한 아시아나 항공은 2조 원대의 금액에 매수자를 찾고 있는데 현재 사겠다는 주인이 아직 나타나지 않고 있다.

 이렇듯 세상은 우리가 생각하는 것과 정반대로 바뀌고 돈의 흐름도 과거와 다르게 변해가고 있는 게 현재의 우리 사회인 것이다.

 지금 당신이 아침에 출근하는데 자동차에 주유 경고등이 표시된다면 당신은 어떻게 하겠는가? 아마 바로 주유소를 찾게 될 것이다.

 찾지 않고 무시한다면 그 후는 더 끔찍한 일이 벌어질 것이 뻔하기 때문이다.

 아침은 거르고 출근할 수 있다. 왜냐하면, 점심이나 저녁을 먹을 수 있기에 큰 걱정을 안 해도 되기 때문이다.

 문제는 당신의 인생에서 진정한 플랫폼 네트워크 사업인 이 사업을 그냥 지나친다면 당신의 미래에 올 수 있는 경제적 문제의 빨간 경고등을 무시하는 것과 다름이 없다.

 이제 당신의 인생에서 보다 밝은 미래를 꿈꾼다면 네트

워크 마케팅 분야의 새로운 사업 모델을 제공하는 인큐텐과 함께 멋진 인생을 설계하고 만들어 가길 바란다.